ALPHABET

DE

LA JEUNESSE

OU LE NOUVEAU SYLLABAIRE.

Ouvrage orné de 40 Gravures.

PARIS.

T.⁻ MORONVAL, IMPRIM.-LIBRAIRE,

Rue Galande, n. 65.

ALPHABET

DE

LA JEUNESSE

OU LE NOUVEAU SYLLABAIRE.

Ouvrage orné de 40 Gravures.

PARIS.

T^{re} MORONVAL, IMPRIM.-LIBRAIRE,

Rue Galande, n. 65.

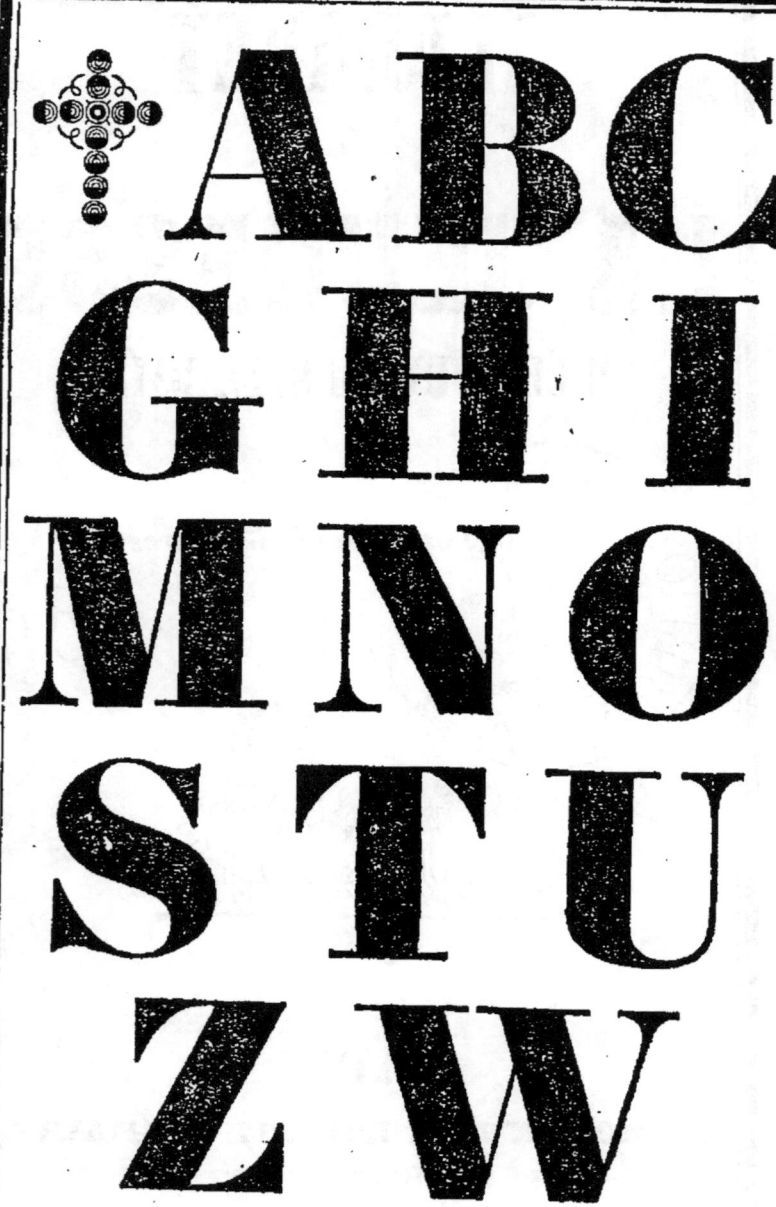

D E E F
J K L
P Q R
V X Y
Æ OE

A *a a*	 **ANE.**
B **b** *b*	 **BOUCS.**

C c C c

COQS.

D d D d

DOGUE.

E e *e*

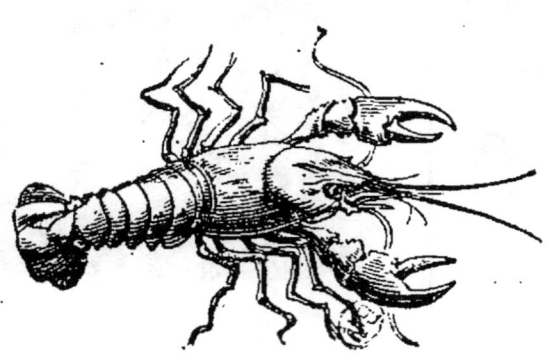

ÉCREVISSE.

F f ſ

FEMMES.

| G | g | g |

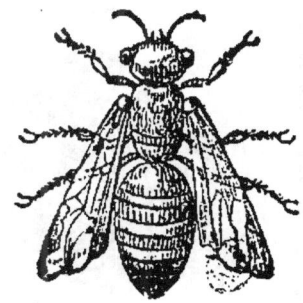

GUÊPE.

| H | h | h |

HYÈNE.

I	i
i	

INSTRUMENS.

J	j
j	

JARDINAGE.

K k
K k

KAHOUANNE.

L l
L l

LOUPS.

M	m
M	*m*

MARCASSIN.

N	n
N	*n*

NACELLE.

| O | o | *o* |

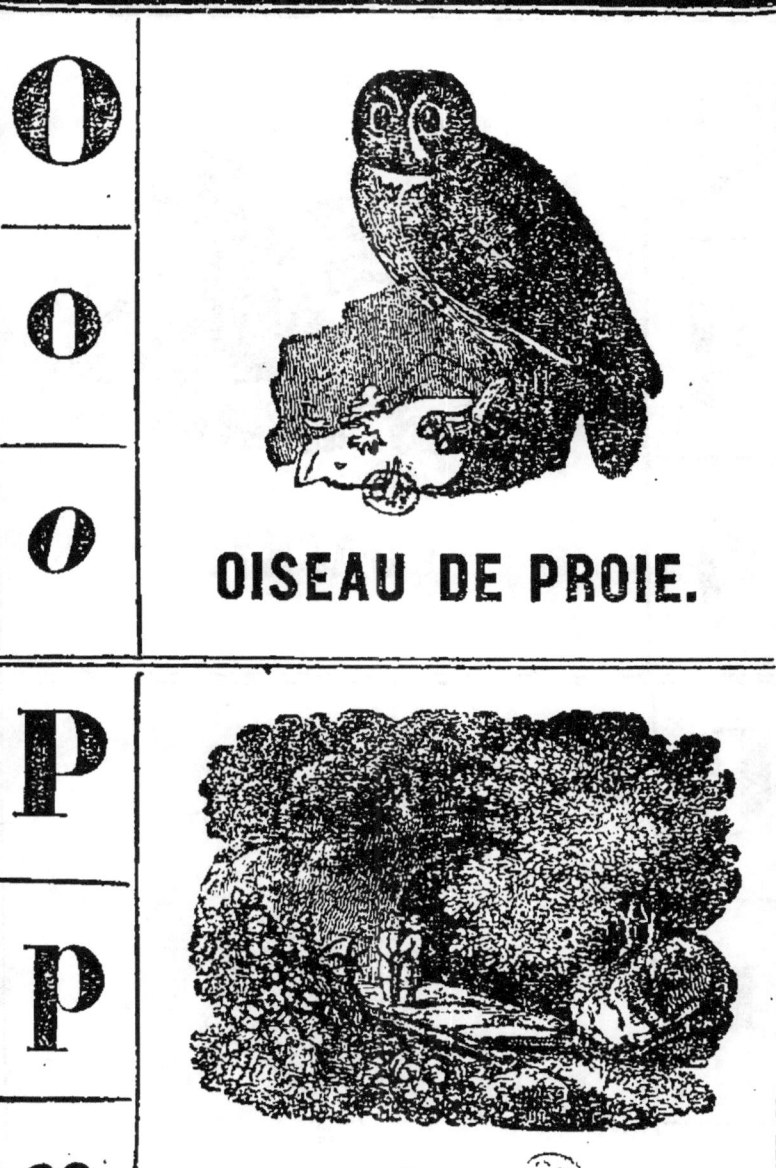

OISEAU DE PROIE.

| P | p | *p* |

PRÉCIPICE.

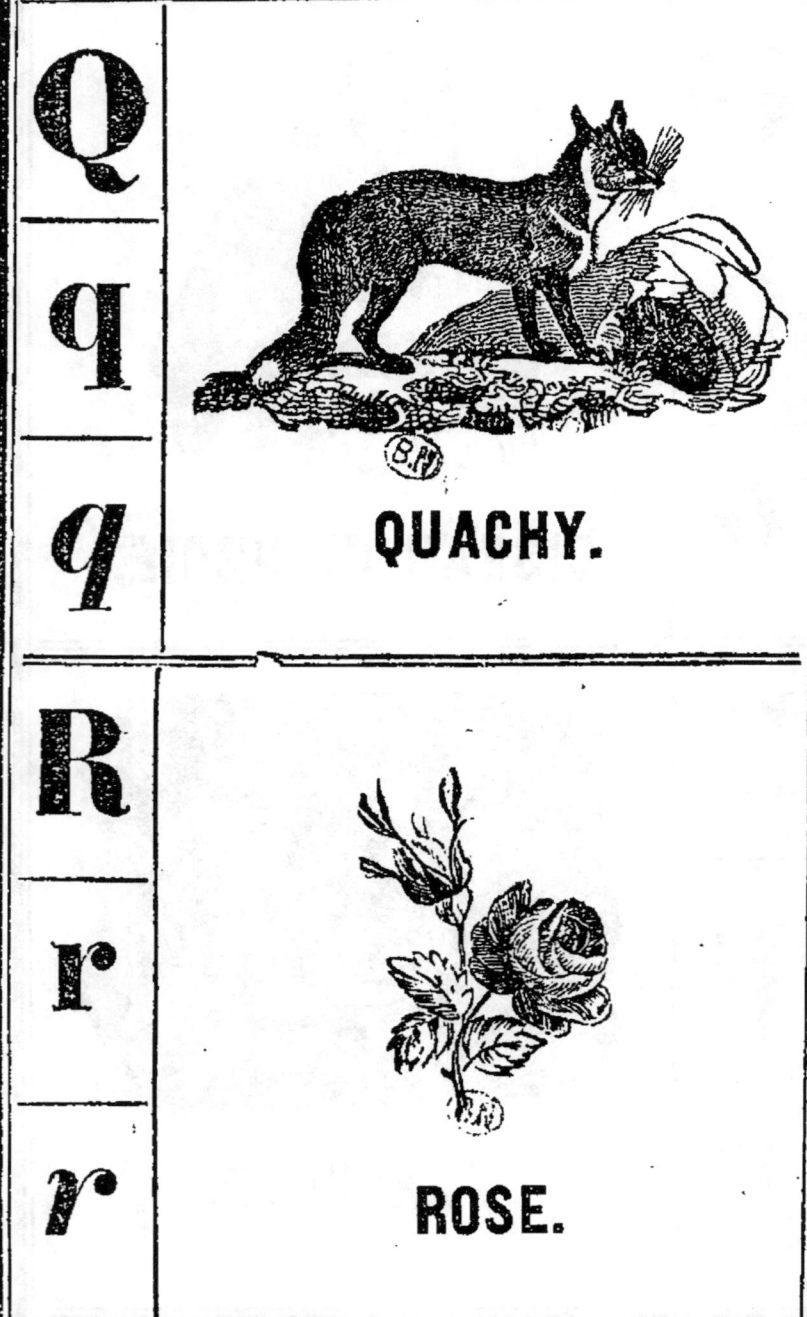

Q q q

QUACHY.

R r r

ROSE.

S s S s

SERPENT.

T t T t

TRITON.

U u *u*	
	USURIER.
V V *v*	
	VAISSEAU.

X x *x*

XOMOLT.

Y y *y*

YUNX.

ZÈBRE.

LETTRES ACCENTUÉES.

é   (aigu).
à è ù   (graves).
â ê î ô û (circonflexes).
ë ï ü   (trémas).
ç   (cédille).

Grandes Majuscules allongées.

ABCDEFG
HIJKLMN
OPQRSTU
VXYZÆŒ
ÇWÉÈÊ

Majuscules droites.

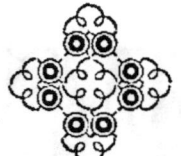 A B C D
E F G H I J
K L M N O
P Q R S T
U V X Y Z
Æ OE W Ç
É È Ê

Majuscules droites.

a b c d e

f g h i j k l

m n o p q r

s t u v x y z

æ œ w é è ê ç

ff fi ffi fl ffl

Majuscules penchées.

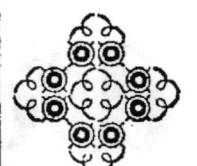

A B C D
E F G H I J
K L M N O
P Q R S T
U V X Y Z
Æ OE W Ç
É È Ê

Minuscules penchées.

a b c d e
f g h i j k l
m n o p q r
s t u v x y z
œ œ w é è ê ç
fi ffi ff fl ffl

Grandes Majuscules antiques.

ABCDEFGHI
JKLMNOPQ
RSTUVXYZ
ÆŒWÇÉÈÊ

Petites Majuscules antiques.

ABCDEFGHIJKLMNOP
QRSTUVXYZÆŒWÇÉÈÊ

Majuscules ornées.

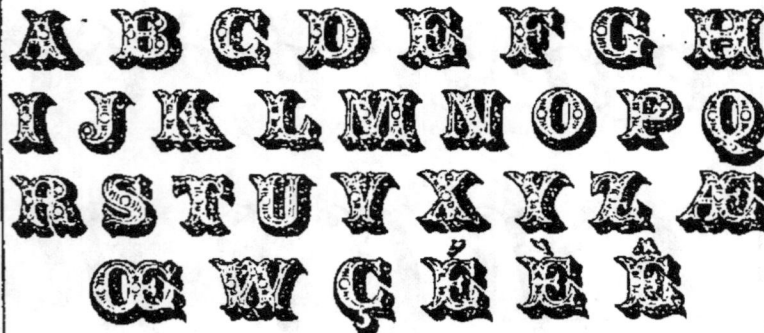

Majuscules ombrées.

A B C D E F G
H I J K L M N
O P Q R S T U
V X Y Z É È Ê
W Æ OE

Minuscules ombrées.

a b c d e f g h i j
k l m n o p q r s
t u v x y z æ œ w
é è ê

Petites Majuscules allongées.

ABCDEFGHIJKL
MNOPQRSTUVX
YZÆŒÇWÉÈÊ

Majuscules égyptiennes allongées.

ABCDEFGHIJKLMN
OPQRSTUVXYZÆŒ
WÇÉÈÊ

Minuscules égyptiennes allongées.

abcdefghijklmnop
qrstuvxyzæœwçéèê

Majuscules et Minuscules gothiques allemandes.

A a B b C c D d E e
F f G g H h I i J j K k
L l M m N n O o P p
Q q R r S s T t U u
V v W w X x Y y Z z

Majuscules et Minuscules gothiques ornées.

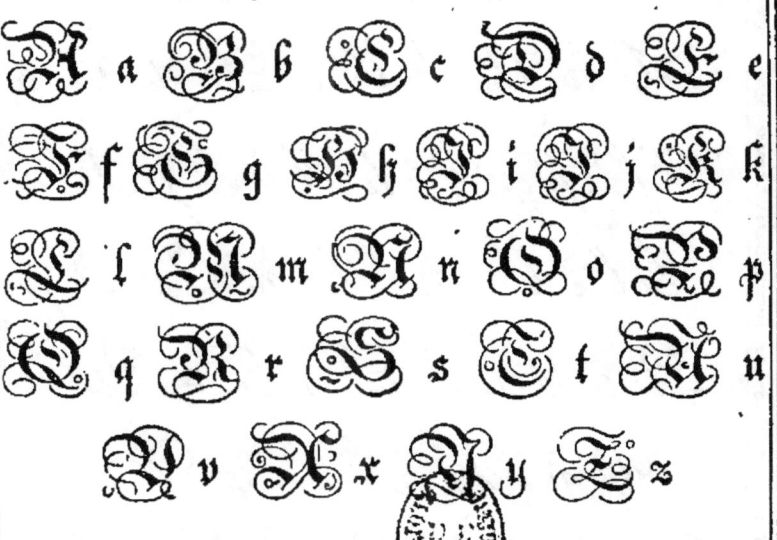

Majuscules et Minuscules rondes.

A a B b C c D d E e
F f G g H h I i J j
K k L l M m N n O o
P p Q q R r S s T t
U u V v X x Y y Z z

Majuscules et Minuscules anglaises.

A a B b C c D d E e
F f G g H h I i J j K k
L l M m N n O o P p
Q q R r S s T t U u
V v X x Y y Z z

SYLLABES.

ba	be	bi	bo	bu
ca	ce	ci	co	cu
da	de	di	do	du
fa	fe	fi	fo	fu
pha	phe	phi	pho	phu
ga	ge	gi	go	gu
ha	he	hi	ho	hu
ja	je	ji	jo	ju
ka	ke	ki	ko	ku
la	le	li	lo	lu
ma	me	mi	mo	mu
na	ne	ni	no	nu
pa	pe	pi	po	pu

qua	que	qui	quo	quu
ra	re	ri	ro	ru
sa	se	si	so	su
ta	te	ti	to	tu
va	ve	vi	vo	vu
xa	xe	xi	xo	xu
za	ze	zi	zo	zu
bla	ble	bli	blo	blu
bra	bre	bri	bro	bru
cla	cle	cli	clo	clu
cra	cre	cri	cro	cru
dra	dre	dri	dro	dru
fra	fre	fri	fro	fru
phra	phre	phri	phro	phru

fla	fle	fli	flo	flu
phla	phle	phli	phlo	phlu
gla	gle	gli	glo	glu
gra	gre	gri	gro	gru
pla	ple	pli	plo	plu
pra	pre	pri	pro	pru
spa	spe	spi	spo	spu
sta	ste	sti	sto	stu
tla	tle	tli	tlo	tlu
tra	tre	tri	tro	tru
vra	vre	vri	vro	vru

An, en, am, in, ir, on, ab, ib, of, men, bir, or, meu, tion.

Mots d'une seule Syllabe.

Dieu.	Peur.	Muet.
Pain.	Cris.	Par.
Vin.	Mots.	Camp.
Fil.	Teint.	Bon.
Bon.	Soin.	Lion.
Pluie.	Or.	Sou.
Sort.	Rue.	Sel.
Vent.	Mais.	Mont.
Mot.	Pour.	Peau.
Vert.	Eau.	Frais.
Mois.	Mât.	Banc.
Saut.	Pois.	Tout.
Neuf.	Fou.	Dans.

Mots à épeler, composés de deux Syllabes.

Pa|pa.	Tan|tôt.
Ma|man.	Mai|son.
Jou|jou.	Toi|son.
Sol|dat.	Na|nan.
Fan|fan.	Sou|ris.
Mu|sée.	Cor|don.
Cou|sin.	Mois|son.
Mou|ton.	Plu|met.
Mi|lan.	Se|rin.
Ma|rie.	Ba|teau.
Jar|din.	En|fin.
Pi|geon.	Cou|leur.
Fu|sil.	Pis|ton.

Mots à épeler, composés de trois Syllabes.

Fi|las|se. Pis|to|let.
E|toi|le. Po|ta|ge.
Ca|lot|te. Fi|gu|res.
E|gli|se. Na|ri|ne.
Lu|ci|de. Cas|ca|de.
A|vo|cat. Of|fi|cier.
Na|tu|re. E|chel|le.
Fa|ci|le. E|co|le.
E|pe|ron. Bul|le|tin.
U|ni|té. Ta|lo|che.
A|va|nie. Vé|né|ré.
A|pre|té. E|cri|re.
En|fi|ler. Ab|ba|ye.

Mots à épeler, composés de quatre Syllabes.

In | no | cem | ment.
Com | pa | rai | son.
Gym | nas | ti | que.
E | chan | til | lon.
Com | mu | nau | té.
Or | tho | gra | phe.
Gé | mis | se | ment.
Fron | tis | pi | ce.
Com | mu | ni | quer.
Dé | bar | ras | ser.
Eu | cha | ris | tie.
Ma | lai | sé | ment.
Or | don | nan | cer.

Mots à épeler, composés de cinq Syllabes.

Pro | vi | den | ti | el.
Dé | li | ca | te | ment.
Cor | di | a | li | té.
In | fi | dè | le | ment.
Pro | di | ga | li | té.
Con | fir | ma | ti | on.
Ins | pi | ra | ti | on.
Ad | mi | nis | tra | tif.
Ci | vi | li | sa | tion.
In | ter | lo | cu | teur.
In | sa | lu | bri | té.
Sur | nu | mé | rai | re.
Ré | gu | la | ri | ser.

PRIÈRES.

ORAISON DOMINICALE.

No-tre Pè-re, qui ê-tes aux cieux, que vo-tre nom soit sanc-ti-fi-é; que vo-tre rè-gne ar-ri-ve; que vo-tre vo-lon-té soit faite en la ter-re com-me au ciel : don-nez-nous au-jour-d'hui no-tre pain quo-ti-dien ; et nous par-don-nez nos of-fen-ses com-me nous les par-don-nons à ceux qui nous ont of-fen-sés, et ne nous lais-sez pas suc-com-ber à la ten-ta-tion, mais dé-li-vrez nous du mal. Ain-si soit-il.

SALUTATION ANGÉLIQUE.

Je vous sa-lue, Ma-rie, plei-ne de grâ-ce, le Sei-gneur est a-vec vous; vous ê-tes bé-nie en-tre tou-tes les fem-mes, et Jé-sus, le fruit de vos en-trail-les, est bé-ni. Sain-te Ma-rie, mè-re de Dieu, pri-ez pour nous, pau-vres pè-cheurs, main-te-nant et à l'heu-re de no-tre mort. Ain-si soit-il.

SYMBOLE DES APOTRES.

Je crois en Dieu, le Pè-re tout-puis-sant, cré-a-teur du ciel et de la terre, et en Jé-sus-Christ son Fils u-ni-que, no-tre Sei-gneur; qui a é-té con-çu du Saint-Esprit, est né de la Vier-ge Ma-rie : a souf-fert sous Pon-ce-Pi-la-te; a été cru-ci-fi-é, est mort, et a é-té en-se-ve-li; est des-cen-du aux en-fers, et le troi-siè-me jour est res-sus-ci-té des morts; est mon-té aux Cieux, est as-sis à la droi-te de Dieu le Pè-re tout-puis-sant; d'où il vien-dra ju-ger les vi-vans et les morts. Je crois au Saint-Esprit; la sain-te E-gli-se ca-tho-li-que; la com-mu-ni-on des Saints; la ré-mis-si-on des pé-chés; la ré-sur-rec-ti-on de la chair; la vie é-ter-nel-le. Ain-si soit-il.

CONFESSION DES PÉCHÉS.

Je con-fes-se à Dieu tout-puis-sant, à la bien-heu-reu-se Ma-rie tou-jours Vier-ge, à saint Mi-chel Ar-chan-ge, à saint Jean-Bap-tis-te, aux A-pô-tres saint Pier-re et saint Paul, à tous les saints, et à vous, mon Pè-re, que j'ai beau-coup pé-ché, par pen-sées, par pa-ro-les, par ac-tions et par o-mis-sions; c'est ma fau-te, c'est ma fau-te, c'est ma très-gran-de fau-te : C'est pour-quoi je sup-plie la bien-heu-reu-se Ma-rie toujours Vier-ge, saint Mi-chel Ar-chan-ge, saint Jean-Bap-tis-te, les A-pô-tres saint Pier-re et saint Paul, tous les Saints, et vous, mon Pè-re, de pri-er pour moi le Sei-gneur no-tre Dieu.

Que le Dieu tout-puis-sant nous fas-se mi-sé-ri-cor-de, qu'il nous par-don-ne nos pé-chés et nous con-dui-se à la vie éter-nelle. Ain-si soit-il.

Que le Sei-gneur tout-puis-sant et mi-sé-ri-cor-dieux nous ac-cor-de l'in-dul-gen-ce, l'ab-so-lu-ti-on et la ré-mis-si-on de nos pé-chés. Ain-si soit-il.

PRIÈRE AVANT LE REPAS.

Bé-nis-sez. Que ce soit le Sei-gneur. Que la main de Jé-sus-Christ nous bé-nis-se et la nour-ri-tu-re que nous al-lons pren-dre. Au nom du Pè-re, et du Fils, et du Saint-Es-prit. Ain-si soit-il.

PRIÈRE APRÈS LE REPAS.

Nous vous ren-dons grâ-ces pour

tous vos bien-faits, et prin-ci-pa-le-ment pour la nour-ri-tu-re que vous ve-nez de nous don-ner, ô Dieu tout-puis-sant qui vi-vez et ré-gnez dans tous les siè-cles. Ain-si soit-il.

Que les â-mes des Fi-dè-les re-po-sent en paix, par la mi-sé-ri-cor-de de Dieu. Ain-si soit-il.

PRIÈRE QUI SE PEUT DIRE MATIN ET SOIR.

Es-prit saint, ve-nez en nous, et rem-plis-sez nos cœurs de vo-tre a-mour, a-fin que par vo-tre se-cours nous fas-sions no-tre pri-è-re a-vec la pié-té, l'at-ten-tion et le res-pect que nous de-vons à no-tre Dieu, à no-tre Pè-re et à no-tre Ju-ge, à qui nous o-sons l'adres-ser; par Jé-sus-Christ No-tre-Sei-gneur, qui vit et rè-gne dans tous les siè-cles des siè-cles.

ACTE DE CONTRITION.

Mon Dieu, j'ai un très-grand re-gret de vous a-voir of-fen-sé, par-ce que vous ê-tes in-fi-ni-ment bon, in-fi-ni-ment ai-ma-ble, et que le pé-ché vous dé-plaît; je me pro-po-se fer-me-ment, a-vec le se-cours de vo-tre sain-te grâ-ce, de m'en cor-ri-ger et de m'en con-fes-ser.

QUAND L'HEURE SONNE.

Mon Dieu, fai-tes-moi la grâ-ce de ne point vous of-fen-ser.

PHRASES A ÉPELER.

La crain|te du Sei|gneur est le com|men|ce|ment de la sa|ges|se ; les mé|chans mé|pri|sent la sa|gesse et la scien|ce.

Ce|lui qui ai|me à ê|tre re|pris, ai|me la scien|ce; mais ce|lui qui hait les ré|pri|man|des s'é|ga|re.

Por|tez hon|neur et res|pect à ceux qui ont les che|veux blancs.

Un en|fant qui est sa|ge est la joie de son pè|re, et l'en|fant in|sen|sé est la tris|tes|se de sa mè|re.

E|cou|tez a|vec do|ci|li|té ce que l'on vous dit, a|fin de le bien com|pren|dre, et de don|ner u|ne ré|pon|se sa|ge et jus|te.

Fuy|ez les dis|pu|tes et les que|rel|les.

Honorez votre père et votre mère, afin que vous soyez heureux, et que vous viviez long-temps sur la terre.

Maudit celui qui n'honore point son père et sa mère.

Celui qui outragera son père et sa mère est digne de mort.

Enfans, obéissez à vos supérieurs, et soyez soumis à leurs ordres, car ce sont eux qui veillent pour le salut de vos âmes, comme devant en rendre compte à Dieu.

Ne rendez à personne le mal pour le mal.

Que toute aigreur, tout emportement et toute colère soient bannis d'entre vous.

Faites avec plaisir et de bon cœur ce que vous ferez, comme le faisant pour le Seigneur.

Donnez-vous de garde de faire des mensonges, car l'habitude de mentir est très mauvaise.

La tempérance dans le boire et dans le manger est la santé de l'âme et du corps.

Ce|lui qui mé|pri|se la sa|ges|se et l'ins|truc|ti|on est mal|heu|reux.

Ne ré|pon|dez pas a|vant que d'a|voir é|cou|té, et n'in|ter|rom|pez per|son|ne au mi|lieu de son dis|cours.

N'in|ven|tez point de faus|se|tés con|tre vo|tre frè|re, con|tre vo|tre a|mi, et don|nez vous de gar|de de fai|re au|cun men|songe.

En|fans, o|bé|[sez à vos pè|res et à vos mè|res en ce qui est se|lon le Sei|gneur, car ce|la est jus|te.

Ayez le mal en horreur et attachez-vous fortement au bien.

Pratiquez en toutes choses l'humilité, la douceur et la patience, en vous supportant les uns les autres avec charité.

Tout paresseux est toujours pauvre.

L'oisiveté apprend beaucoup de mal.

Ne rendez à personne le mal pour le mal.

HISTOIRE
DE
SAINVAL ET GERVAIS.

—⊗⊙⊗—

Les nœuds d'une tendre amitié unissaient les jeunes Sainval et Gervais : mêmes goûts, mêmes amusemens. Occupés de ces douces affections dont l'âme est susceptible, ils passaient les jours les plus heureux. Un matin qu'ils étaient ensemble, dans un bois, à cueillir des noisettes, Gervais aperçut un nid d'oiseaux. Embrasser l'arbre, grimper sur la branche, fut l'ouvrage d'un instant : il satisfait son envie, et le voilà possesseur de quatre petits oiseaux que l'inexpérience rendait encore timides. Pendant qu'il cherchait les moyens de descendre sans les faire périr, un loup affamé vient droit à Sainval, qui jette un cri; Gervais voit le danger, et, quoique persuadé qu'il ne risque rien sur l'arbre, il se laisse glisser pour secourir son ami. Il saisit un caillou : le loup furieux s'élance sur Sainval; Gervais le prévient, enfonce son bras dans la gueule de l'animal, et le tient en respect en serrant fortement sa langue, tandis que Sainval perce de son couteau le loup qui expire.

Sainval témoigne, par ses caresses, sa reconnaissance à son ami. Tous deux traînent leur proie à la ville. On s'assemble de toutes parts pour apprendre leur aventure. Le récit détaillé qu'ils en font, arrache des larmes de sentiment de tous les spectateurs. Gervais se dérobe bientôt aux applaudissemens qu'on donne à sa bravoure, retourne au logis chercher ses oiseaux, les retrouve, et joue autour de la cage qui les renferme.

L'ENFANT GATÉ.

Une dame d'esprit avait un fils, et craignait si fort de le rendre malade en le contredisant, qu'il était devenu un petit tyran, et entrait en fureur à la moindre résistance qu'on osait faire à ses volontés les plus bizarres. Le mari de cette dame, ses parens, ses amis lui représentaient qu'elle perdait ce fils chéri : tout était inutile.

Un jour qu'elle était dans sa chambre, elle entendit son fils qui pleurait dans la cour; il s'égratignait le visage de rage, parce qu'un domestique lui refusait une chose qu'il voulait. « Vous êtes bien impertinent, dit-elle à ce valet, de ne pas donner à cet enfant ce qu'il vous demande; obéissez-lui tout-à-l'heure. — Par ma foi, madame, lui répondit le valet, il pourrait crier jusqu'à demain, qu'il ne l'aurait pas. » A ces mots, la dame devint furieuse et prête à tomber en convulsions; elle court, et passant dans une salle où était son mari avec quelques-uns de ses amis, elle le prie de la suivre et de mettre dehors l'imprudent qui lui résiste. Le mari, qui était aussi faible pour sa femme qu'elle l'était pour son fils, la suit en levant les épaules, et la compagnie se met à la fenêtre pour examiner de quoi il était question. « Insolent, dit-il au valet, comment avez-vous la hardiesse de désobéir à Madame, en refusant à l'enfant ce qu'il vous demande? — En vérité, Monsieur, dit le valet, Madame n'a qu'à le lui donner elle-même; il y a un quart-d'heure qu'il a vu la lune dans un seau d'eau, et il veut que je la lui donne! A ces paroles, la compagnie et le mari ne purent retenir de grands éclats de rire; la dame elle-même, malgré sa colère, ne put s'empêcher de rire aussi. Elle fut si honteuse de cette scène qu'elle se corrigea, et parvint à faire un aimable enfant de ce petit être maussade et volontaire.

AMITIÉ FRATERNELLE.

Le fils d'un riche négociant de Londres s'était livré, dans sa jeunesse, à tous les excès; il irrita son père, dont il méprisa les avis; le vieillard, près de finir sa carrière, fait un acte par lequel il déshérite son jeune fils, et meurt. Dorval, instruit de la mort de son père, fait de sérieuses réflexions, rentre en lui-même, et pleure ses égaremens passés. Il apprend bientôt qu'il est déshérité : cette nouvelle n'arrache de sa bouche aucun murmure injurieux à la mémoire de son père; il la respecte jusque dans l'acte le plus désavantageux à ses intérêts; il dit seulement ces mots : Je l'ai mérité. Cette modération parvient aux oreilles de Geneval, qui, charmé de voir le changement de mœurs de Dorval, va le trouver, l'embrasse, et lui adresse ces paroles à jamais mémorables : « Mon frère, par un testament, notre père commun m'a institué son légataire universel; mais il n'a voulu exclure que l'homme que vous étiez alors, et non celui que vous êtes aujourd'hui : je vous rends la part qui vous est due. »

COMMANDEMENS DE DIEU.

1. Un seul Dieu tu adoreras
   Et aimeras parfaitement.
2. Dieu en vain tu ne jureras,
   Ni autre chose pareillement.
3. Les dimanches tu garderas,
   En servant Dieu dévotement.
4. Tes père et mère honoreras,
   Afin de vivre longuement.
5. Homicide point ne seras,
   De fait ni volontairement.
6. Impudique point ne seras,
   De corps ni de consentement.
7. Le bien d'autrui tu ne prendras,
   Ni retiendras injustement.
8. Faux témoignages ne diras,
   Ni mentiras aucunement.
9. L'œuvre de chair ne désireras
   Qu'en mariage seulement.

10. Biens d'autrui tu ne convoiteras
   Pour les avoir injustement.

COMMANDEMENS DE L'ÉGLISE.

1. Les dimanches, messe entendras,
   Et les fêtes pareillement.
2. Les fêtes tu sanctifieras,
   Qui te sont de commandement.
3. Tous tes péchés confesseras,
   A tout le moins une fois l'an.
4. Ton créateur tu recevras
   Au moins à Pâques humblement.
5. Quatre-temps, vigiles jeûneras,
   Et le carême entièrement.
6. Vendredi chair ne mangeras,
   Ni le samedi mêmement.

DIVISION DU TEMPS.

Cent ans font un siècle.
Dans un an il y a douze mois.
Dans un mois il y a trente jours.
Il faut trois cent soixante-cinq jours pour faire une année.
Il y a quatre semaines dans le mois.
Chacune de ces semaines se compose de sept jours que l'on nomme : Lundi, Mardi, Mercredi, Jeudi, Vendredi, Samedi, Dimanche.
Les douze mois de l'année sont : Janvier, Février, Mars, Avril, Mai, Juin, Juillet, Août, Septembre, Octobre, Novembre, Décembre.
Il existe quatre saisons dans l'année, que l'on dénomme ainsi : le Printemps, qui commence au 22 Mars; l'Été, qui commence au 20 Juin; l'Automne, qui commence au 24 Septembre; et l'Hiver, qui commence au 22 Décembre.

CHIFFRES ARABES ET ROMAINS.

Noms des Chiffres.	Arabes.	Romains.
Un...............	1	I.
Deux..............	2	II.
Trois..............	3	III.
Quatre............	4	IV.
Cinq..............	5	V.
Six...............	6	VI.
Sept..............	7	VII.
Huit..............	8	VIII.
Neuf..............	9	IX.
Dix...............	10	X.
Vingt.............	20	XX.
Trente............	30	XXX.
Quarante..........	40	XL
Cinquante.........	50	L.
Soixante..........	60	LX.
Soixante-dix......	70	LXX.
Quatre-vingts.....	80	LXXX.
Quatre-vingt-dix..	90	XC.
Cent..............	100	C.
Deux cents........	200	CC.
Trois cents.......	300	CCC.
Quatre cents......	400	CCCC.
Cinq cents........	500	D.
Six cents.........	600	DC.
Sept cents........	700	DCC.
Huit cents........	800	DCCC.
Neuf cents........	900	CM.
Mille.............	1000	M.

Paris. — Impr. T. Moronval, rue Galande, 65.

www.ingramcontent.com/pod-product-compliance
Lightning Source LLC
LaVergne TN
LVHW052059090426
835512LV00036B/2354